Kartoffeln hin, Kartoffeln her
Eine Pflanze erobert die Welt

Heiderose und Andreas Fischer-Nagel

Kartoffeln hin, Kartoffeln her
Eine Pflanze erobert die Welt

Findling Buchverlag Lüneburg

Unseren Kindern Tamarica und Cosmea Desirée

Vielen Dank Herrn Freidel
vom Kartoffelmuseum in Fußgönheim
für die freundliche Unterstützung
bei der Entstehung dieses Buches.

Nach den Regeln der neuen deutschen Rechtschreibung
Lizenzausgabe für Findling Buchverlag Lüneburg GmbH, D-21339 Lüneburg

ISBN: 978-3-937054-36-0

© Verlag Heiderose Fischer-Nagel, D-34286 Spangenberg
Alle Rechte, auch die der Bearbeitung oder auszugsweisen Vervielfältigung
gleich durch welche Medien, vorbehalten.
Grafische Gestaltung: Petra Schwarzmann
Illustrationen: Petra Knipping
Fotos S. 2, S. 24 li., S. 26 u., S. 30/31 u., S. 36, S. 38 u., S. 40: Pfanni-Werke München;
Fotos S. 6, S. 7, S. 8, S. 9 re., S. 10 o., S. 26 o.: Swissaid Bern;
alle weiteren: Andreas Fischer-Nagel, Spangenberg.
Gesetzt in der Helvetica 12 Punkt
Druck: sachsendruck, D-08525 Plauen

Inhalt

Die nahrhafte Knolle der Inkas	6
Wie kam die Kartoffel nach Europa?	10
Giftige Kartoffelverwandtschaft	14
Wenn die Kartoffelknolle erwacht	16
Was die Kartoffelpflanze braucht	18
Auch Kartoffeln können krank werden	20
Köstliche Kartoffeln: Lecker, nahrhaft und gesund	22
Die Hüter des Kartoffelschatzes: Wie neue Kartoffelsorten entstehen	24
Kartoffeln und ihre Namensvettern in allen Farben und Formen	28
Kartoffelernte	32
Sechs Millionen Tonnen verbrauchen wir pro Jahr	36
Kartoffelfeuer	40

Die nahrhafte Knolle der Inkas

Wunderbar exotische Gemüse aus fernen Ländern leuch[ten] appetitanregend aus den Körben der Gemüsehändler. Daneben wirken die staubigen, braunen Kartoffeln, die ebenso wichtig für uns sind wie das tägliche Brot, fast unscheinbar. Dabei ist kaum ein Gemüse so vielseitig ve[r]wendbar. Kartoffeln können gekocht und gebraten werde[n], zu Kartoffelpuffern und Pommes frites verarbeitet, als le[ckere] würzige Knabbereien gebacken und sogar zu Schnaps gebrannt werden. Wusstest du, dass die tolle Knolle ein[e] spannende, ja abenteuerliche Geschichte hat?

Kartoffeln zählen nicht z[u un]seren heimischen Pflan[zen,] denn man kennt sie in Europa erst seit einigen hundert Jahren.
Sie stammen ursprünglich aus den Bergen Südamerikas, wo die „Urkartoffel" als Wildpflanze wächst. Dort, in den Anden zwischen Peru und Bolivien, wachsen ungefähr 90 verschiedene Wildkartoffelarten, in ganz Amerika sind es sogar bis zu 200.

Kartoffeln gehören zusammen mit Reis, Mais, Weizen, Gerste, Soja und Zuckerrohr zu den sieben meistangebauten Grundnahrungsmitteln.

Auf einem südamerikanischen Kartoffelfeld wachsen verschiedene Sorten nebeneinander, die auch in verschiedenen Farben blühen. Manchmal sind es bis zu 45 verschiedene Sorten !

Im Quechua, der Sprache der Inkas, gibt es über 1000 Namen für die verschiedenen Kartoffeln.

Bei den südamerikanischen Indianern spielte der Kartoffelanbau schon im 3. Jahrhundert nach Christus eine wichtige Rolle, erlangte seine größte Bedeutung aber erst in der Inkazeit. Die Inkas legten Bewässerungssysteme an und machten dadurch viele, sonst für den Anbau ungeeignete Gebiete zu Kartoffeläckern. Ihre Ernten waren so ertragreich, dass die Menschen nicht mehr hungern mussten.

Die Indianer verehrten ihre kleinen, schwarzen und birnenförmigen Kartoffeln, die vor allem in den Böden des Hochlandes sehr gut gediehen. Wie für alle anderen Nutzpflanzen gab es auch für die Kartoffel einen guten Geist, die Axomama, die Kartoffelmutter. Wunderlich geformte Knollen wurden wie kleine Puppen angezogen und dienten als „Papakonopa" der Wahrsagerei.

Das Bild links zeigt die südamerikanische Kartoffelsorte allco chaqui, *auf deutsch „Hundepfote".*

Aus den ursprünglich haselnussgroßen Knollen züchteten die Inkas bis zu 400 andere Kartoffelsorten. Um nicht den größten Teil der Ernte verfaulen zu lassen, entwickelten sie schon vor fast 2 000 Jahren eine Art „Gefrierverfahren", um genügend haltbare Nahrungsvorräte zu haben. Schon im Juni, wenn es tagsüber warm ist, in den Nächten aber friert, brachten sie einen großen Teil der Ernte in die Berge, bis in Höhen von etwa 4 000 m. Dort war es so kalt, dass die Kartoffeln gefroren. Durch das in der Kartoffel enthaltene, nun gefrierende Wasser platzten die Pflanzenzellen. Tagsüber erwärmte die Sonne die Knollen wieder so stark, dass sie auftauten und ihr Saft ungehindert auslaufen konnte. Die Indianer zerquetschten und zerstampften sie nun so lange mit den Füßen, bis fast der gesamte Saft aus den Kartoffeln ausgetreten war. Aus diesem Saft stellten die Indios Chakta, ein Kartoffelbier her, das sie bei Festen tranken. Die Paste aus gestampften Kartoffeln wurde noch einmal gewässert, weil sie sonst bitter geschmeckt hätte. Schließlich wurde das Ganze getrocknet und in Krügen und Behältern aus Maisstängeln aufbewahrt. Die so entstandenen Trockenkartoffeln, die Chuños, waren mehrere Jahre lang haltbar und ließen sich gut lagern.

Auf ähnliche Weise werden Chuños übrigens auch heute noch hergestellt. Im Hochland Südamerikas wird der Kartoffelacker wie in alten Zeiten mit dem Grabstock, der Taclla, bearbeitet. Erstaunlich ist, wie viele verschiedene Formen der gewöhnlichen Kartoffel die südamerikanischen Bauern auf ihren Äckern anbauen: Etwa vierhundert!

In den Bergen Südamerikas werden Kartoffeln noch in 4 000 m Höhe angebaut. Dieses Bild zeigt einen Bauer aus Ecuador auf seinem Feld.

Wie kam die Kartoffel nach Europa?

Vor mehr als 500 Jahren kamen die ersten spanischen Seefahrer nach Südamerika um das Land zu erobern und den Indios ihre Schätze zu stehlen. Und nicht nur Gold, Silber und Juwelen brachten die Spanier mit nach Hause. Auch einige unscheinbare und kleine Kartoffelknollen befanden sich zwischen den Schätzen – keiner ahnte, dass sie für Europa bald wertvoller als alles Gold werden sollten. Welcher Seefahrer nun als erster Kartoffeln mitbrachte, lässt sich nicht mehr genau klären. Fest steht nur, dass zwischen 1540 und 1565 die ersten Kartoffeln nach Europa gelangten. Es handelte sich dabei nicht um Wildkartoffeln, sondern um die von den Inkas bereits jahrhundertelang angebauten und gezüchteten Formen. Obwohl die Seefahrer die Indios ständig Kartoffeln essen sahen, wagten sie nicht, die fremden Knollen selbst zu essen. Lieber aßen sie minderwertige, mitgebrachte Vorräte oder ließen ihre Mannschaften sogar hungern. Daraus ist auch zu erklären, dass zwischen dem Kennenlernen der Kartoffeln durch die Seefahrer und der Einfuhr nach Europa viele Jahre vergingen.

Hier ist ein Dorf in Ecuador mit umliegenden Feldern zu sehen. In Südamerika wurden schon Kartoffeln angebaut, als diese in Europa noch unbekannt waren.

Wegen ihrer wunderschönen Blüten wurden Kartoffeln bei uns zuerst als Zierpflanzen in Gärten und Parks gepflanzt.

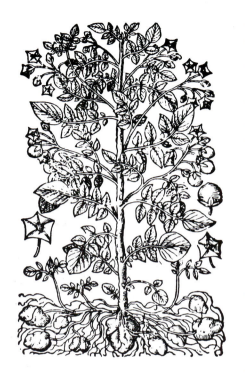

In England tauchten Kartoffeln erstmals 1580 auf. Wahrscheinlich waren diese ersten Kartoffeln, die in England angebaut wurden, von gestrandeten Piratenschiffen an Land geschwemmt worden. Bei uns in Deutschland tauchte die Kartoffel erstmals am Ende des 16. Jahrhunderts auf: Als botanische Kostbarkeit wurde sie in den Gärten und Parks von Adeligen und Reichen angepflanzt. Nur nach und nach verbreitete sich die exotische Knolle über das ganze Land. Es waren die Reichen, die Könige und Kaiser, die den Wert der Kartoffel als Nahrungsmittel zuerst erkannten und viel Mühe darauf verwendeten, die oft hungernde Bevölkerung vom Nutzen der Pflanze zu überzeugen. Die Menschen fürchteten sich vor der Kartoffel, weil sie die seltsame Knolle nicht kannten. Sie wussten nicht, wie man Kartoffeln zubereitet und versuchten, sie roh zu essen – verständlich, dass sie ihnen nicht schmeckte.

Besondere Verdienste um den Anbau der Kartoffel errang Friedrich der Große. Er ließ Saatkartoffeln verteilen und verpflichtete die Bauern, sie anzubauen. Er kontrollierte persönlich, ob sie das auch taten. Doch erst die Notzeiten der Kriege ließen die Menschen den Wert

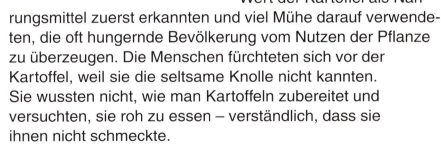

MARIE ANTOINETTE

der Kartoffel erkennen, sodass etwa um 1770 die Kartoffel in Preußen als allgemeines Volksnahrungsmittel angenommen wurde. Auch Katharina die Große von Russland und der ungarische König befahlen den Anbau der Kartoffeln. In Frankreich warb Marie Antoinette mit einer Kartoffelblüte, die sie als Schmuckstück an ihrem Kleid trug, für den Anbau von Kartoffeln, die in keinem Menü des Königs fehlten.

Ein Kartoffelfeld ernährt doppelt so viele Menschen wie ein gleich großes Getreidefeld.

In Irland entwickelte sich die Kartoffel seit dem Beginn des 17. Jahrhunderts zur Hauptnahrungsquelle der armen Bevölkerung. Deshalb traf es die Iren auch besonders hart, als zwischen 1845 und 1848 eine verheerende Seuche – die Kraut- und Stängelfäule – die gesamten Kartoffelernten vernichtete. Die Kartoffeln färbten sich schwarz und verfaulten. Da das Getreide nach England ausgeführt oder zur Bezahlung des Pachtzins für die Ländereien verwendet wurde, waren die Menschen auf die Kartoffeln als wichtigstes Nahrungsmittel angewiesen. Es kam zu einer großen Hungersnot, die fünf Jahre lang dauerte. Viele Menschen starben. Tausende verließen das Land und wanderten nach Amerika aus. Erst als man unter den ursprünglichen, alten Kartoffelsorten eine gegen Krankheiten unempfindliche Sorte fand, konnte die Kartoffel in Irland wieder erfolgreich angebaut werden.

Aus einem Kartoffellied
von Matthias Claudius (1740-1815)

Schön rötlich die Kartoffeln sind
Und weiß wie Alabaster!
Sie däun* sich lieblich und geschwind
Und sind für Mann und Frau und Kind
Ein rechtes Magenpflaster.

* däun: verdauen

Giftige Kartoffelverwandtschaft

Die Kartoffel gehört zu den Nachtschattengewächsen. Der wissenschaftliche Name *Solanum* für Nachtschatten stammt aus dem Lateinischen und bedeutet Trost oder Beruhigung. Von mehreren Arten dieser Pflanzengattung ist nämlich eine schmerzstillende, einschläfernde Wirkung bekannt. Auf diese Eigenschaften deutet auch der deutsche Familienname „Nachtschattengewächse" hin: Der Schatten der Nacht senkt sich auf einen nieder.

Wenn man sich die Kartoffelblüten genau anschaut, erkennt man, wie ähnlich sie den Blüten anderer Nachtschattengewächse sind.

In dieser Familie findest du neben der Tomate, deren unreife, grüne Früchte ungenießbar sind, auch die sehr giftige Tollkirsche. Alle Nachtschattengewächse enthalten in unterschiedlicher Menge das giftige Solanin oder Atropin, das bei uns zu Schweißausbrüchen, Durchfall und Krämpfen, ja sogar zum Tod durch Atemlähmung führen kann.
Die bei uns wild im Wald wachsende Tollkirsche ist die hier wohl giftigste Verwandte der Kartoffel. Vier bis zwanzig ihrer violettschwarzen Beeren

Die grünen Teile der Kartoffel (rechts) enthalten in kleinen Mengen die gleichen giftigen Stoffe wie die Tollkirsche (links).

reichen aus, um einen Menschen zu töten. In der Medizin wird ein Auszug aus ihren Wurzeln und Blättern bei verschiedenen Augenkrankheiten, bei Asthma, Darmkoliken und anderen Krankheiten eingesetzt.

Auch die grünen, oberirdischen Früchte der Kartoffelpflanze sind giftig. Als die ersten Knollen nach Europa kamen, hatten viele Menschen diese Früchte gegessen und sich daran vergiftet. Sie konnten ja nicht wissen, dass die grünen Teile der Kartoffel das giftige Solanin enthalten und nur die unterirdischen Sprossverdickungen – die Knollen – genießbar sind. Im Inneren der Knolle ist Solanin nur in so geringen Spuren vorhanden, dass es für uns unbedeutend ist. In der Schale jedoch befindet sich wesentlich mehr davon. Lagert man Kartoffeln nicht im Dunkeln, entsteht mehr giftiges Solanin in der Schale und besonders im wachsenden Keim. Ebenso ist es bei Knollen, die nicht von der Erde bedeckt waren und halb an der Erdoberfläche gewachsen und daher grün geworden sind.

Die grünen Kartoffelfrüchte (oben) lassen die Verwandtschaft zur Tomate erkennen. Auch der Bittersüße Nachtschatten (unten) ist ein Verwandter der Kartoffel.

Wie kommt es nun, dass wir uns an in der Schale gekochten Kartoffeln – also Pellkartoffeln – nicht vergiften? Beim Kochen in Wasser geht das Solanin von der Kartoffel ins Wasser über. Durch Schälen und Entfernen von Keimen und grünen Stellen wird das Solanin weitgehend schon vor dem Kochen entfernt.

Wenn die Kartoffelknolle erwacht

Siehst du eine Kartoffelknolle genau an, erkennst du winzige kleine Vertiefungen in der Kartoffelschale. Die Vertiefungen, in denen die kleinen Knospen schlafen, nennt man „Augen". Aus ihnen wachsen im Frühjahr weiße Triebe heraus, an denen du kleine Knospen, Blättchen und Wurzeln entdecken kannst. Ein Teil davon verzweigt sich in der Erde, während der andere Teil die Erde nach oben zum Licht durchdringt und bald Blätter und Blüten bildet. Die Kraft zum Wachsen hat die kleine Pflanze aus dieser einen Saatknolle genommen. In der Knolle ist nämlich Stärke gespeichert, die die Pflanze in Energie verwandeln kann. Sobald sie nun aber das Licht erreicht hat, grünt und blüht, braucht sie die Energie dieser Knolle nicht mehr. Sie kann nun selbst Stärke herstellen, indem sie aus dem Kohlendioxyd (CO_2) der Luft, dem grünen Blattfarbstoff (Chlorophyll) und Wasser mit Hilfe des Sonnenlichtes Stärke und Sauerstoff in ihren Blättern herstellt. Ebenso wie die oberirdischen Sprosse gewachsen sind, haben sich auch die unterirdischen entwickelt. Sie breiten sich waagerecht aus und bilden seitwärts Wurzeln sowie Ausläufer, an deren Enden sich die Tochterknollen bilden. Sie sind von einer festen Schale umgeben, die sie vor Austrocknung schützt.

Aus den Kartoffeln wachsen Keime (links), die sich zu Kartoffelpflanzen (oben) entwickeln. Unterirdisch bilden sich Sprossen mit Tochterknollen.

Zwischen den üppigen grünen Blättern der Kartoffelstaude entdecken wir bald kleine, zarte Blüten, die je nach Kartoffelsorte weiß, rosa oder lila sein können, mal länger und mal kürzer blühen. Die Blüte besteht aus einem winzigen Kelch mit fünf Zipfeln. Die Blüten haben kleine Staubgefäße mit wenig Blütenstaub und werden deshalb nicht oft von den

Insekten besucht. Die Blüten sind deshalb so geschickt gebaut, dass eine Selbstbestäubung stattfinden kann. Der Blütenstaub rieselt auf die Narbe der Blüte und befruchtet sie dadurch selbst. Jetzt kann die kleine tomatenähnliche, grüne Frucht heranreifen. Früchte wie diese, bei denen das Fruchtfleisch mehrere harte kleine Samen umschließt, bezeichnen Botaniker als Beeren. Die Kartoffelfrüchte enthalten jede etwa hundert Samen und sind für uns Menschen giftig.

Dass Kartoffeln Stärke enthalten, kannst du ganz leicht nachweisen:

1. Reibe eine Kartoffel auf einer Küchenreibe möglichst fein, füge Wasser hinzu und filtere den dünnen Brei durch einen Kaffeefilter. Dann füllst du etwas von der durchgefilterten Flüssigkeit in ein kleines Glas und gibst einen Tropfen Jod oder jodhaltiges Desinfektionsmittel hinzu. Obwohl du eine mehr oder weniger braunrote Flüssigkeit eintropfst, wird sich die Flüssigkeit nach wenigen Sekunden blau färben.

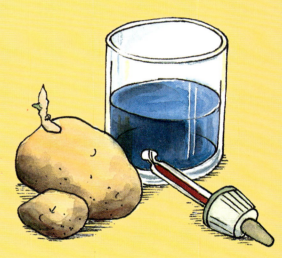

2. Den gleichen Versuch kannst du auch mit in Wasser verrührtem Kartoffelmehl machen. Nimm dafür ein mit Wasser gefülltes Gefäß und füge eine Messerspitze Kartoffelmehl – Stärke – hinzu. Wieder gibst du etwas von der Flüssigkeit in ein Glas und tropfst Jod dazu. Das Wasser färbt sich ebenso blau. Damit hast du die Stärke nachgewiesen.

Was die Kartoffelpflanze braucht

Damit möglichst viele Kartoffeln geerntet werden können, benötigt die Kartoffelpflanze einen leichten, humusreichen, gut bearbeiteten Boden. Nasse Böden, Ton- und Lehmböden, aber auch karge Sandböden bringen nur eine geringe Ernte. Da die Pflanzen sehr frostempfindlich sind, muss man im Frühjahr mit dem Legen der Saatkartoffeln warten, bis eine Bodentemperatur von 4°C bis 10°C erreicht ist. Frühkartoffeln kann man nicht lagern. Deshalb werden die meisten Kartoffeln über die Sommermonate hin angebaut.

Gerade auf den Dörfern kannst du beobachten, dass fast jeder Gartenbesitzer ein eigenes kleines Kartoffelbeet hat. Sobald der Boden warm genug ist, werden die Gartenbeete bearbeitet. Sie sind etwas breiter als die anderen Beete, denn die Kartoffelpflanze braucht viel Platz um heranwachsen zu können. Schon im Herbst wurde das Kartoffelbeet mit verrottetem Mist oder Hornmehl gedüngt. Dadurch wird der Boden locker und humusreich. Im Keller konnten die Saatkartoffeln schon ein bisschen vorkeimen. Ihre langen weißen Triebe haben sich in dem mäßig warmen, hellen Keller gut entwickelt. Nun werden die Knollen in eine ungefähr 5 Zentimeter tiefe kleine Bodenmulde gelegt. Dabei müssen die „Augen" nach oben weisen. In Reih und Glied liegen die Kartoffeln im Boden. Zwischen den einzelnen Reihen bleibt ein Abstand

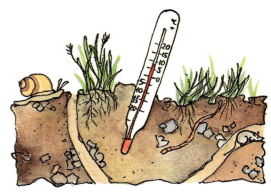

Ab Mitte April werden auf dem Feld Saatkartoffeln mit Kartoffellegemaschinen gepflanzt. Frühkartoffeln (kleines Bild) wachsen oft zuerst noch geschützt unter Folie.

von 40 bis 50 Zentimetern. Schon nach kurzer Zeit wächst das Kartoffelpflänzchen aus dem Boden. Nun wird Erde angehäufelt, damit die ebenfalls heranwachsenden neuen Kartoffelknollen ganz im Dunkeln bleiben. Dabei muss man sehr vorsichtig sein, denn wenn man zu tief in die Erde hineinhackt, kann man die heranwachsenden Kartoffeln zerstören. Beim Anbau im Garten pflanzen viele Leute zusätzlich noch andere Pflanzen zwischen die Kartoffeln. Besonders eignen sich Kohlrabi, Spinat, Tagetes, Bohnen, Knoblauch und alle Kohlarten als Kartoffelnachbarn. Wenn so auf einem Beet verschiedene Pflanzen nebeneinander wachsen, bleibt kein Platz mehr für unerwünschte Wildkräuter, die den Kartoffeln Kraft entziehen und sie am Wachsen hindern würden.

Auch Kartoffeln können krank werden

Trotz der sorgfältigen Zucht gibt es viele Kartoffelkrankheiten, die die Ernte bedrohen. Besonders gefährlich ist die Krautfäule. Ihr Erreger ist ein Pilz, der sich bei lang anhaltendem Regenwetter und schweren Böden einstellt. Die Blätter bekommen dunkelgrüne, feuchte Flecken, die sich rasch über die ganze Pflanze ausbreiten. Schon nach vierzehn Tagen ist die Pflanze völlig vernichtet. Weitere gefährliche Krankheiten sind die Knollenfäule (Braunfäule), bei der das Innere der Knolle viele braune, verlaufene Flecken aufweist und der Kartoffelkrebs. Der Kartoffelkrebs lässt blumenkohlartige Wucherungen entstehen, die schon auf dem Feld sichtbar sind, weil sie zu faulen beginnen.

Kartoffeln sind von etwa neunzig verschiedenen Krankheiten und Schädlingen bedroht. Das Bild links zeigt eine Kartoffelkäferlarve.

Von den tierischen Schädlingen ist der gelbschwarz gestreifte Kartoffelkäfer wohl am bekanntesten. Sowohl Larven als auch erwachsene Käfer richten großen Schaden an. Ursprünglich stammt dieser Käfer aus den Bergen der USA, wo er an wild wachsenden Nachtschattengewächsen fraß. Erst um 1850, als die Kartoffel auch in Nordamerika großräumig angebaut wurde, siedelte der Käfer auf diese Pflanze um. Auf riesigen Kartoffelfeldern findet er ein Schlaraffenland.

Bereits 1877 ist das erste Schadauftreten in Europa belegt, darunter auch zwei Fälle in Deutschland.

Großräumig eroberte der Käfer Deutschland jedoch erst Mitte der dreißiger Jahre, wobei er von West nach Ost vordrang. Die Weibchen werden bis zu zwei Jahre alt. In dieser Zeit können sie bis zu 2 500 orangerote Eier in kleinen Gruppen an die Unterseite der Kartoffelblätter legen. Nach vier bis zwölf Tagen schlüpfen die Larven. Je nach Witterung benötigen die fetten, rötlichen Larven, mit je einer Reihe schwarzer Punkte an den Seiten, zwischen zehn und dreißig Tagen für ihr Wachstum. Während dieser Zeit häuten sie sich dreimal. Zur Verpuppung verkriechen sie sich einige Zentimeter tief in den Erdboden, um nach weiteren drei bis vier Wochen als Jungkäfer hervorzukommen. Die äußerst gefräßigen Larven, aber auch die Käfer, fressen erst Löcher in die jungen Blätter, dann das ganze Blatt und schließlich auch die Stängel. Der Schaden, der der Pflanze durch diese Schwächung zugefügt wird, ist sehr groß. Ohne Blätter kann die Pflanze keine lebenswichtige Stärke mehr bilden. Die Folge sind verkümmerte, kleine oder gar keine Kartoffelknollen. Den Winter überleben die Käfer in frostfreien Bodenschichten bis zu 90 cm Tiefe. Beträgt die Bodentemperatur etwa 10°C bis 14°C, kommen sie wieder hervor.

Schon dreißig Kartoffelkäfer können eine Kartoffelpflanze in einer Woche völlig kahl fressen.

Köstliche Kartoffeln:
Lecker, nahrhaft und gesund

Die Kartoffel ist ein besonders gesundes Gemüse mit vielen Nährstoffen. Hochwertiges Eiweiß, Stärke, Vitamine und Mineralstoffe sind in der Kartoffel enthalten. Sie gehört zu den wenigen Pflanzen, die einen Menschen am Leben erhalten können, wenn er sich ausschließlich von ihr ernähren muss. Daher zählt sie zu den Grundnahrungsmitteln. Bei schonender Zubereitung bleiben besonders viele dieser wichtigen Nährstoffe auch in gekochten Kartoffeln erhalten.

Schon zwei Kartoffeln enthalten so viele Vitamine, wie ein Erwachsener pro Tag braucht. Deshalb nahmen – nachdem sie als wertvolles Nahrungsmittel anerkannt waren – Kapitäne Kartoffeln mit auf hohe See. Damit schützten sie ihre Mannschaften auf den oft monatelangen Fahrten vor dem gefürchteten Skorbut – einer Vitaminmangelerkrankung.

Oft heißt es, Kartoffeln machen dick, doch das stimmt nicht: Kartoffeln haben nicht mehr Kalorien als Äpfel! (Die gleiche Menge Nudeln hat mehr als doppelt so viel Kalorien.)

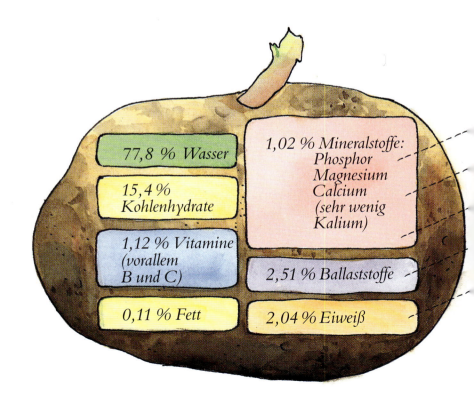

Links: Unter der Schale sitzen viele Nährstoffe, die durchs Schälen verloren gehen können.

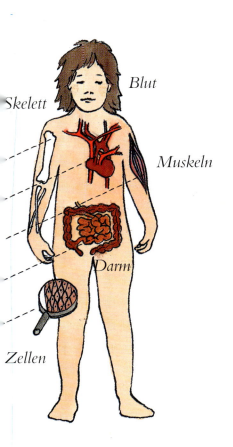

Skelett

Blut

Muskeln

Darm

Zellen

Hier sind zwei Kartoffelrezepte zum Ausprobieren:

Gebackene Kartoffeln
Für vier Personen brauchst du vier große, mehlige Kartoffeln. Nachdem du sie gewaschen hast, wickelst du sie in Alufolie und bäckst sie eine Stunde bei 200°C im Backofen. Du kannst sie mit Butter aus der Schale löffeln oder sie mit Quark essen, den du mit Salz, Pfeffer und Schnittlauchröllchen gewürzt hast.

Etwas schwieriger, aber auch lustiger, ist dieses Rezept:

Pommes-frites-Tiere aus dem Ofen
Wieder brauchst du vier große Kartoffeln, die du nach dem Waschen schälst und in 1 cm dicke Scheiben schneidest. Mit Plätzchenformen stichst du daraus Tiere oder andere Formen aus. In einer Schüssel vermischst du die Kartoffelstücke mit einem Esslöffel Öl. Dann bäckst du sie auf einem Backblech 15 Minuten bei 200°C, wendest sie vorsichtig mit einem Heber und bäckst sie noch einmal 15 Minuten.

Die Hüter des Kartoffelschatzes:
Wie neue Kartoffelsorten entstehen

Für die Zucht neuer Sorten sind Blüten und Beeren ganz wichtig. Mit ihnen kann man Sorten züchten, die besonders haltbar und lagerungsfähig, groß und ertragreich sind oder bestimmte Kocheigenschaften haben. Neue Kartoffelsorten entstehen durch Kreuzung zweier Sorten. Dazu haben Botaniker zwei verschiedene Kartoffelsorten ausgesucht. Sie übertragen den Blütenstaub der einen Pflanze auf die Narbe der anderen Pflanze. Es wächst eine Frucht heran, die nun die Merkmale beider Pflanzen trägt. Die ungefähr 100 Samen dieser Frucht werden nun ausgesät. Kleine Pflänzchen wachsen heran, die sich in ihren Eigenschaften ein wenig voneinander unterscheiden. Vielleicht bringt die eine sehr große feste Knollen hervor, eine andere dafür große mehlige und so weiter. Die Pflanzen werden lange getestet. Auf diese Weise kann man sicher sein, dass eine neue, bessere Kartoffelsorte gezüchtet wird, die in diesem oder jenem Boden ganz besonders gut wächst. So entstehen im Laufe der Zeit Sorten, die dem Boden und dem Wetter am jeweiligen Ort angepasst sind.

Um neue Sorten zu züchten, verwendet man die Samen aus den Früchten der Kartoffel. Die Eigenschaften der neuen Sorten werden immer wieder überprüft (kleines Bild).

Zwar lassen sich durch Züchtung bestimmte Eigenschaften der Kartoffeln verbessern, doch oft sind neue Sorten auch viel anfälliger gegen Krankheiten oder Schädlinge als die ursprünglichen Sorten oder gar die Wildkartoffel. Deshalb ist es heute oft notwendig, gute, ertragreiche Sorten mit älteren, weniger ertragreichen, dafür aber widerstandsfähigeren Sorten oder der Wildkartoffel zu kreuzen um wenigstens einige der natürlichen Abwehreigenschaften zurückzugewinnen. So verhindert man auf natürliche Weise, ohne den Einsatz von Giften, dass durch Kartoffelkrankheiten ganze

Durch Züchtung entstehen bestimmte wünschenswerte Eigenschaften. Heutige Kartoffelsorten haben zum Beispiel viel weniger Augen als frühere; und lassen sich leichter schälen.

Ernten vernichtet werden können, wie es zum Beispiel damals in Irland der Fall war.

Damit uns die alten Sorten nicht verloren gehen, werden einzelne Knollen von jeder Sorte an verschiedenen Stellen der Welt gelagert, nachgezogen und gut aufbewahrt. Auch in der Bundesforschungsanstalt für Landwirtschaft in Braunschweig zum Beispiel gibt es eine solche Sammlung. Sie ist mindestens so wertvoll wie die größten Schätze der Welt, denn sie kann uns vor Artenarmut und Hunger bewahren.

Oft lässt man die Samen in Reagenzgläsern keimen und setzt die Pflanzen später in ein Gewächshaus oder aufs Feld.

Es dauert vier Monate, bis aus den Samen vollentwickelte Pflanzen herangewachsen sind. Mit einem „rollenden Feldlabor" wird die neue Sorte hier geprüft und beurteilt.

Eine neu gezüchtete Kartoffelsorte wird erst ausgiebig getestet und geprüft, bis sie schließlich in den Läden von uns gekauft werden kann. Als erster prüft sie der Züchter eingehend, danach bestimmt er Standorte, an denen die neue Sorte versuchsweise angebaut werden kann. Ist der Züchter von der guten Qualität der neuen Sorte überzeugt, meldet er sie beim Bundessortenamt an. Dort wird im Laufe von drei Jahren geprüft, ob sich die neue Sorte von bereits vorhandenen Sorten unterscheidet und ob ihre Knollen von gleichbleibender Qualität sind. Das Fleisch einer guten Sorte sollte eine schöne gelbe Farbe haben und nicht zu feucht oder zu mehlig sein. Unerwünscht sind bitter und unangenehm schmeckende Sorten. Bis all diese Prüfungen abgeschlossen sind, vergehen zehn bis zwölf Jahre!
Jedes Jahr werden etwa vierzig neue Sorten angemeldet, von denen aber meist nur acht bis vierzehn Sorten zugelassen werden.

Manchmal kreuzt man nicht nur verschiedene Kartoffelsorten miteinander. Man versucht sogar eine Pflanze zu züchten, die oberirdisch eine Tomate ist und unterirdisch eine Kartoffel. Vielleicht gibt es später einmal eine Tomatoffel oder eine Kartomate!

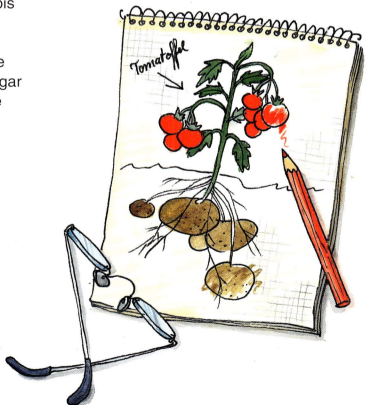

Kartoffeln und ihre Namensvettern in allen Farben und Formen

Es gibt über 160 Kartoffelsorten, die zu unterschiedlichen Zeiten im Jahr heranreifen. Die sehr frühen Sorten haben eine dünne Schale. Sie werden schon gegen Ende Juni geerntet, während die dickschaligen späten Sorten, die im Oktober reif sind, über den Winter gelagert werden. Es gibt kleine, große, schwarze, blaue, rote, hellbraune, dunkelbraune, runde, längliche und winzig kleine Kartoffeln.

Oben links ist die Sorte „Odenwälder Blaue" zu sehen, oben rechts „Rosella", unten die Sorte „Ratte", die als besondere Delikatesse gilt.

Außer nach Form und Farbe unterscheidet man die Kartoffelsorten nach Kocheigenschaften. Es gibt „fest kochende" Sorten, die sich besonders für Salat eignen, „vorwiegend fest kochende" Sorten, aus denen Pommes frites, Rösti und Pellkartoffeln bereitet werden sowie die „mehlig kochenden" Sorten, die beim Kochen stark zerfallen und sich besonders gut für Kartoffelbrei eignen.

Trotz ihres Namens haben die so genannten Ross-, Pferde- oder Rehkartoffeln nichts mit Kartoffeln zu tun. Gemeint ist damit Topinambur, eine kartoffelähnliche Knolle, die ebenfalls aus Amerika stammt und von Indianern angebaut wurde. Sie ist kein Nachtschattengewächs wie die Kartoffel, sondern

ist mit Sonnenblume und Margerite verwandt. Als Zierpflanze steht sie in vielen Gärten. Aus den Knollen wird Schnaps gebrannt. Sie werden oft als Tierfutter verwendet (daher haben sie ihren deutschen Namen). Doch auch für Menschen ist Topinambur ein leckeres Gemüse, dessen Geschmack ein bisschen an Nüsse erinnert.

Auch die Süßkartoffel *(Ipomoea batatas)* hat nichts mit der eigentlichen Kartoffel zu tun. Ursprünglich ist sie wohl eine Kulturpflanze des warmen Mittel- und Südamerika und wird dort „Batata" genannt. Obwohl ihre etwa kartoffelgroßen, länglichen, hellrot gefärbten Knollen an die des Topinambur erinnern, gehört die Pflanze wiederum einer ganz anderen Pflanzenfamilie, nämlich den Windengewächsen an!

Gesunde, widerstandsfähige Pflanzen (oben) können bei der Zucht nur entstehen, wenn immer wieder alte Sorten (unten) eingekreuzt werden.

Kartoffeldruck

Aus Kartoffeln kann man sehr gut Stempel herstellen, mit denen man alle möglichen Formen und Muster drucken kann.
Schneide eine Kartoffel in der Mitte durch. Markiere mit einem Messer ein Motiv und schneide es anschließend so aus, dass nur diese Form stehen bleibt. In einem Schälchen mischst du etwas Farbe an. Drücke deinen Stempel in die Farbe. Nun kannst du viele lustige Bilder drucken. Du kannst die Farbe auch direkt mit dem Pinsel auf deine Form auftragen. Schön ist es, wenn du dir mehrere Motive auf einmal zurechtmachst und dann in verschiedenen Farben druckst. Tipp: Auch mit anderem Gemüse und Früchten, zum Beispiel Möhren oder Äpfeln, kannst du schöne Stempel machen.

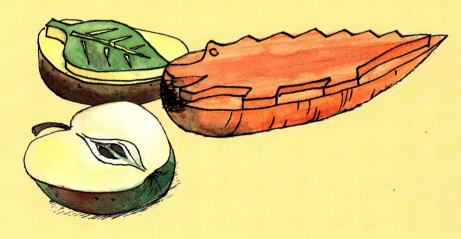

Kartoffelernte

Sobald das Kartoffelkraut zu welken beginnt, sind die Kartoffeln reif und es ist Zeit, sie aus dem Boden zu holen. Hat man nur die Kartoffeln zu ernten, die man für den Eigenbedarf angebaut hat, gräbt man sie vorsichtig mit einer Grabegabel aus. Es ist besser, den Boden rundherum zu lockern und mit den Händen die schönen Knollen zu ernten. Mit einem Spaten kann man sie leicht zerstechen. Mindestens 14 Knollen hängen an einer Pflanze.

Auf dem Feld werden in der Regel keine Mischkulturen angelegt, das heißt, es werden nicht verschiedene Pflanzenarten auf einem Acker gepflanzt. Regelmäßig jäten die Bauern das Unkraut. Dort, wo die Felder weite Flächen bedecken, gibt es Maschinen, die den Boden lockern und vom Unkraut befreien. Sobald die Kartoffelpflanzen so groß sind, dass sie den Boden beschatten, wächst das Unkraut ohnehin schlechter und bleibt meistens sogar ganz weg.

Links ist ein Kartoffelfeld kurz vor der Ernte zu sehen. Auf dem Bild oben werden die reifen Kartoffeln von Hand aufgelesen.

Unten: Kaum zu glauben – aus einer einzigen Mutterknolle sind nach drei Monaten so viele neue Kartoffeln entstanden!

Während unsere Großeltern zur Erntezeit noch mit Hacken und Gabeln auf die Felder zogen und die Kinder Ernteferien bekamen um beim Kartoffelbuddeln helfen zu können, gibt es heute Kartoffelerntemaschinen, so genannte Schleuderrad-Roder, Schwingsieb-Roder oder ähnliche Maschinen, die die Kartoffeln aus dem Boden herauswerfen. An den Maschinen befinden sich zusätzliche Fangvorrichtungen, die verhindern, dass die Kartoffeln zu weit geworfen werden. Bei kleineren Feldern müssen die Kartoffeln dann immer noch mit der Hand aufgelesen werden. Für große Felder gibt es heute so genannte Vollerntemaschinen, die die Kartoffeln gleichzeitig auflesen und schon nach Größen sortieren.

Mit Maschinen ist die Kartoffelernte nicht mehr so mühselig wie früher. Das Bild oben rechts zeigt ein Feld, auf dem die Kartoffeln noch von Hand aufgelesen werden müssen.

Kartoffeln aus dem Eimer

Willst du mal versuchen, selber Kartoffeln anzubauen? Das geht sogar auf dem Balkon. Setze eine vorgekeimte Kartoffel in einen bis zur Hälfte mit Erde gefüllten Eimer und gieße sie regelmäßig. Kaum siehst du das Kartoffelpflänzchen aus der Erde kommen, häufelst du ein bisschen Erde an. Wenn sie etwas größer ist, füllst du wieder eine neue Erdschicht in den Eimer. Auf diese Weise wird der Eimer bald mit Erde gefüllt sein. Nun lässt du die Kartoffelpflanze genauso wachsen, wie sie es auf dem Feld tun würde. Ist nach einigen Wochen die Erntezeit für deine Kartoffel herangerückt, wirst du dich wundern wie viele Kartoffeln in deinem Eimer sind!

6 Millionen Tonnen Kartoffeln verbrauchen wir pro Jahr

Die Menge der Kartoffeln, die pro Jahr auf der Erde geerntet wird, würde eine vierspurige Autobahn füllen, die sechsmal um die Erde führt. Kannst du dir vorstellen, dass bei uns in Deutschland zurzeit pro Jahr 6 Millionen Tonnen Kartoffeln gegessen werden? Neben den etwa 80 Sorten Speisekartoffeln gibt es bei uns etwa 40 Sorten so genannter Wirtschaftskartoffeln, aus denen eine ganze Reihe von Nahrungs- und Genussmitteln sowie andere Erzeugnisse hergestellt werden.

Nach der Ernte müssen die Kartoffeln gelagert werden. Das ist gar nicht so leicht, denn Kartoffeln können nicht unbegrenzt lange gelagert werden. Kleingärtner und Bauern lagern Kartoffeln im Keller ein. Sie brauchen dazu einen luftigen, etwas feuchten und unbedingt dunklen Raum, der eine

In Fabriken werden Kartoffeln zu allen möglichen Lebensmitteln verarbeitet. In Anlagen wie dieser werden die Kartoffeln durch Hitze haltbar gemacht.

In solchen riesigen Lagerhallen werden die Kartoffeln vor der Weiterverarbeitung in der Fabrik aufbewahrt.

In einem Kartoffelsack wie auf dem Bild unten können Kartoffeln luftig und doch nicht zu hell aufbewahrt werden.

Temperatur von 4°C bis 8°C hat. Ist der Keller zu warm, fangen die Kartoffeln an zu keimen oder vertrocknen. Bei zu hoher Feuchtigkeit können sie verfaulen und verschimmeln. Zu kalt darf der Lagerraum aber auch nicht sein, denn dann setzt in der Kartoffel eine Umwandlung von Stärke in Zucker ein. Die Knollen schmecken auf einmal süß! Ist der Keller nicht zu verdunkeln, werden die Kartoffeln grün und bilden das gefährliche, giftige Solanin. Hat man einen geeigneten Raum, sollten die Kartoffeln locker auf einem Lattenrost oder in Lattenkisten lagern. Kleinere Mengen lassen sich in Säcken aufbewahren oder sogar in Papiertüten.

Natürlich kann man keine unbegrenzten Kartoffelmengen lagern. Deshalb verarbeiteten die Südamerikaner einen großen Teil ihrer Ernte zu Chuño. Bei uns gibt es eine richtige Kartoffelindustrie. Die Kartoffeln werden so vorbereitet, dass sie sich mit Zusatz von Wasser oder Milch blitzschnell zu vollwertigen Nahrungsmitteln zubereiten lassen. So braucht man sie nicht mehr waschen, schälen oder reiben. Zu diesen Produkten gehören der Fertig-Kartoffelbrei, Kloßmehl, Kartoffelmehl, tiefgefrorene Kartoffelprodukte und Kartoffelkonserven. Hinzu kommt das beliebte Knabbergebäck, das fast auf keinem Kindergeburtstag und keiner Party fehlt und natürlich Pommes frites. Etwa ein Viertel der jährlichen Speisekartoffelernte wird inzwischen auf diese Weise verarbeitet.

Pflanzkartoffel, Speisekartoffel, Futterkartoffel

Nassprodukte (Veredelungskarto...

Kartoffeln werden zu Kartoffelmehl weiterverarbeitet (oben links) oder auch zu Klößen. Das Bild links zeigt Menschen, deren Beruf es ist, Fertigklöße zu testen.

Fritier- und Bratprodukte (Veredelungsprodukte): Pommes frites, Puffer, Kartoffelgebäck, Sticks, Chips

Tiefgefrierprodukte (Veredelungskartoffel): Klöße, gekochte Katoffeln, Rösti, Puffer, Pommes Parisiennes, Kroketten, sonstige Tiefkühlprodukte

Trockenprodukte (Veredelungskartoffel): Kartoffelsuppe, Trockenspeisekartoffeln, Pommesfritespulver, Flocken, Puffermischungen, Püree, Kloßmehl, Quellmehl

Stärke (Stärkekartoffel): Suppen- und Soßenpulver, Kuchen, Eiscreme, Leim, Karton, Papier, Dextrose

Alkohol (Industriekartoffel): Gärungsessig, Wodka, Schlempe, Futtertrockenkartoffel, Futtertrockenschnitzel- und schrot Futterflocken

Chips und Knabbergebäck aus Kartoffeln gibt es heute in unzähligen verschiedenen Sorten.

Kartoffelfeuer

Kartoffeln kann man auch ganz anders nutzen: Irgendwann einmal kam jemand auf die Idee, eine heiße Kartoffel in die Manteltasche zu stecken. Viele Kinder haben sich so früher an kalten Wintertagen auf ihrem langen Schulweg die Finger gewärmt!

Wenn es kalt wird, dann denken wir an die schönen gemütlichen Kartoffelfeuer, an die im Feuer bratenden, köstlichen braunen Grillkartoffeln, die vielerorts das Erntejahr beschließen. Das eigentliche Kartoffelfeuer ist dazu gedacht, die Überreste der Kartoffelpflanze – das Kartoffelkraut – zu verbrennen und damit Schädlinge zu vernichten, die vielleicht im nächsten Jahr die Ernte auf diesem Feld gefährden könnten. Die Asche dieser Kartoffelfeuer soll außerdem ein guter Dünger sein. Viele Bauern streuen sie unter ihre Obstbäume, um den Boden zu verbessern.

Mit einem Kartoffelfeuer wird auch heute noch manchmal die Ernte der „Grundbirnen" oder „Erdäpfel", wie Kartoffeln in manchen Gegenden genannt werden, gefeiert.